PÉTITION

PAR

UNE FRANÇAISE,

PROPRIÉTAIRE DE BIENS NATIONAUX

Provenant d'Émigrés.

PÉTITION

ADRESSÉE

A MM. DE LA CHAMBRE

des Députés,

PAR UNE FRANÇAISE,

PROPRIÉTAIRE

DE BIENS NATIONAUX

Provenant d'Émigrés.

PARIS,

Chez les Libraires du Palais-Royal, et chez Nève au Palais de Justice.

1814.

A Messieurs

DE LA

CHAMBRE DES DÉPUTÉS.

Messieurs,

J'USE de la faculté accordée à tout Français, par l'article 53 de la Charte constitutionnelle du 4 Juin dernier, en vous adressant cette pétition.

Cette Charte a été adoptée par vous; et vous avez juré de la maintenir.

L'article 9 me semblait en concordance parfaite avec l'article 24 de la Constitution décrétée par le Sénat, le 6 avril dernier. Je la regardais comme la rédaction claire, précise, non équivoque de la promesse du Roi dans sa déclaration du 2 mai, datée de St.-Ouen. Cette promesse était ainsi conçue : » les Propriétés seront inviolables » et sacrées ; la vente des Biens Nationaux restera » irrévocable. »

Je pensais que les loix les plus courtes étant les meilleures, la rédaction de l'art. 9 ainsi conçu : » toutes les Propriétés sont inviolables, sans » aucune exception de celles qu'on appelle » Nationales, la loi ne mettant aucune différence » entr'elles », ne devait, ne pouvait être altérée par de fausses ou d'arbitraires interprétations.

Je me trompais étrangement, Messieurs, et j'étais loin de prévoir jusqu'où peuvent aller et conduire les intentions et les ressources industrieuses de certains jurisconsultes.

Deux d'entr'eux font répandre des brochures. L'une a pour titre, *de la Restitution des Biens des Émigrés, considérée sous les rapports du droit public, de la politique et de la morale*, *par* etc. ; et l'autre, *Lettre à* S. M. Louis XVIII, *sur la vente des Biens Nationaux*, *par* etc., etc.

Ces opuscules tendent à faire naître des doutes qu'il est plus qu'important d'éclaircir. Dans notre situation politique, toutes les incertitudes doivent être fixées.

Je possède des biens *ayant appartenus à des Émigrés ;* je les ai légalement et loyalement acquis. Je lis au haut de mes titres d'adjudication, BIENS NATIONAUX PROVENANT D'ÉMIGRÉS ; et je me demande comment il serait possible que ces biens fussent exclus de la garantie promise par l'article 9.

S'il était vrai que cet article 9 pût recevoir l'interprétation que ces Messieurs lui ont donnée, au lieu d'avoir acquis un bien que la Nation avait le droit de me vendre, je n'aurais fait que participer à un vol commis par elle.

Ce mode et ce droit à la possession, ne pourraient me convenir. La supposition de ces Messieurs, une fois consacrée en principe, il faudrait rendre le bien ; et toute ma fortune y étant attachée, mère de cinq enfans, je demeurerais sans ressource. Vous trouveriez alors,

Messieurs, au moins juste, qu'on me rendît les propriétés, dont les biens d'émigrés que j'ai acquis, ne sont pour moi qu'une faible représentation.

Ce n'est ni par spéculation, ni par fantaisie, que j'ai acheté des biens d'émigrés.

En 1793 et 1794, je possédais, pour des sommes assez considérables, des inscriptions sur le grand-livre. J'avais des créances à exercer sur des émigrés, et pardessus tout, des enfans à nourrir et à élever. Le signe représentatif de l'argent était tellement déprécié que le revenu d'une année suffisait à peine au besoin d'un mois. La loi qui autorisa le payement des Biens Nationaux en inscriptions et en liquidation de créances sur des émigrés, fut rendue. Je crus pouvoir, *devoir même* user d'un moyen offert par la loi. J'acquis des Biens Nationaux *provenant d'émigrés*. La nation se libéra envers moi; et je reçus d'elle un titre, en échange d'un titre que j'avais contr'elle.

Si la Nation n'a pas eu le droit de me vendre ces biens, elle me doit. Dans ce cas, j'invoque l'art. 70 de la Charte constitutionnelle qui dit :

la dette publique est garantie : toute espèce d'engagement pris par l'état envers ses créanciers est inviolable.

Et je l'invoque dans toute la latitude dont il est susceptible; car si la légitimité du pouvoir qui a ordonné la vente des Biens Nationaux, est contestée, celle du pouvoir qui lui a succédé ne doit pas l'être moins, et au lieu *du tiers consolidé,* nous avons tous un droit certain au payement de la totalité de nos créances sur l'état.

Je possédais des rentes sur la ville de Paris, sur le Roi, sur le Clergé, sur les états du Languedoc; qu'on me rende mes inscriptions, j'y gagnerai beaucoup à coup sûr.

MM. les Jurisconsultes ne diront pas sans doute que des fonds versés en 1789 dans les emprunts, ne l'étaient pas valablement; et ils considéreront sûrement les contrats dont j'étais en possession, comme une créance de l'état.

J'avais des créances sur des émigrés. Qu'on m'autorise à en poursuivre le payement contre eux ou leur ayant cause, je traiterai volontiers de cette façon.

A ces conditions je délaisse à l'instant les Biens d'émigrés que j'ai acquis. Mais si vous pensez, Messieurs, que mes créances soient bien et valablement remboursées, que l'état soit libéré envers moi; je garderai les Biens Nationaux que je possède, et je persisterai à croire que les jurisconsultes ont erré sur la pensée et la volonté de la loi.

Dans quel affreux dédale veut-on nous jeter? Est-ce ainsi qu'on éteint les haines? Est-ce là de l'union? Non, Messieurs, c'est un cri de sédition, c'est une provocation à la guerre civile; non pas seulement de département à département, de commune à commune, de rue à rue, mais de maison à maison, d'étage à étage.

Croit-on que par de tels moyens on peut faciliter des rapprochemens entre les acquéreurs de Domaines Nationaux et leurs anciens propriétaires? On paralise, on anéantit toute disposition pacifique : on provoque une cessation générale de bonne volonté. Les acquéreurs de biens d'émigrés, ont-ils d'ailleurs conseillé l'émigration ?

La loi qui prononçait la confiscation, imposait aux émigrés la condition du retour. Celle qui ordonnait la vente de leurs biens, n'était que le résultat de l'inéxecution de la première. Dirait-on que ceux qui ont fait la loi étaient sans qualité, sans-pouvoir? Que deviendraient toutes les loix de cette époque qui sont encore en vigueur? Soutiendrait-on que la confiscation et la vente étaient illégales, quand on a vu les pères et mères d'émigrés, exécuter partout la loi sur le partage de leurs biens avec la Nation? Sans doute, cette loi sur le partage était sévère, elle était rigoureuse; mais quand les pères et mères d'émigrés s'y sont soumis, ils ont reconnu le pouvoir qui les y contraignait.

Vous ne permettrez pas, Messieurs, qu'on détruise l'édifice social. Si la Charte constitutionnelle peut être assujétie à des interprétations intéressées, à des arguties, à des subtilités, elle croulera; et avec elle la Nation sera entraînée dans un abîme sans fonds. Si les intérêts particuliers peuvent impunément être froissés, la fortune publique qui a tant souffert, ne se rétablira jamais. Après vingt-cinq ans d'un bouleversement général, toutes les époques, tous les tems, tous les instans se tiennent, s'enchaînent, s'enchâssent, se confondent. On doit réparer: mais les bons esprits doivent s'opposer à ce qu'on détruise, sous prétexte de reconstruire. Ce vœu est le vôtre, Messieurs. L'histoire de la révolution française doit avoir pour épigraphe, TOUT LE MONDE A EU TORT : et à l'époque de la restauration, tous doivent en convenir et s'entr'aider franchement.

Si l'alarme est jetée dans une classe de Français, toutes les classes seront alarmées. Si les uns sont sans garantie, aucun n'en croira plus avoir. Qui payera les impositions d'un Bien dit National? Quel propriétaire actuel laissera un arbre sur pied, ne détruira pas tout ce qu'il pourra détruire? Quel fermier consentira des baux, et cultivera des terres dont il n'aura pas l'assurance de jouir?

Les conséquences qui suivent nécessairement les fausses assertions contenues dans ces deux ouvrages, sont désastreuses. Plus de la moitié de la France a un commun intérêt à la stabilité des acquisitions des Domaines Nationaux : et l'on outrage la Majesté Royale, et votre dignité, Messieurs, quand au lieu des articles précis et clairs de la Charte constitutionnelle, on place des incertitudes entre une rédaction franche et loyale, et la supposition d'une indigne arrière pensée.

Une arrière pensée!!!!!! quand le Roi, dans le traité de paix conclu le 30 Mai dernier avec les Puissances Alliées, a dit article 27 : *les Domaines Nationaux acquis à titre onéreux par des sujets Français, dans les ci-devant départemens de la Belgique, et de la rive gauche du Rhin et des Alpes, hors des anciennes limites de la France, sont et demeurent garantis aux acquéreurs !* quand cet article a été consenti par toutes les hautes parties contractantes!

Eh quoi, Messieurs, le Roi aurait imposé aux

Puissances étrangères l'obligation d'une garantie envers les Français acquéreurs de Biens Nationaux dans les pays *conquis, réunis, rendus*; et il n'aurait pas voulu positivement, fermement, invariablement, que les acquéreurs de Biens Nationaux dans l'ancienne France, pussent jouir des mêmes avantages ! cette prétention serait une injure au père commun.

Accoutumés à avoir depuis tant de siècles le même sang sur le trône, nous regardons comme la voix de la nature celle qui nous parle en faveur de *Louis-le-Désiré* : mais en invoquant la garantie de la Charte constitutionnelle qu'il nous a offerte, nul de nous ne consent à se livrer à l'exagération d'aucun parti.

Le Roi l'a dit dans sa déclaration du 2 mai; *il est rappelé, par l'amour de son peuple, au trône de ses pères*. Le peuple dont l'amour le rappelle, se compose, sans doute, des Français, qui hâtant son retour par leurs voeux, n'ont jamais quitté le sol natal. C'est de ce sol, qu'émanent toutes les affections franches, tous les abandons sans réserve, tous les amours désintéressés; et ce n'est que sur ce sol, que nous trouvant réunis en famille, nous pouvons sincérement faire entendre et prolonger ce cri, *vive la Patrie*, *vive le Roi !*

Je me borne, Messieurs, à ces réflexions. Mon intérêt le plus pressant m'a forcée de vous les soumettre.

Que d'autres qu'une femme réfutent, s'ils veulent bien s'occuper de ce travail, les brochures dont le titre seul a suffi pour m'alarmer sur le sort de mes enfans.

Votre sagesse calmera toutes les inquiétudes par une réponse positive et solennelle à ma pétition.

J'ai, Messieurs, l'honneur de vous offrir l'hommage du respect de

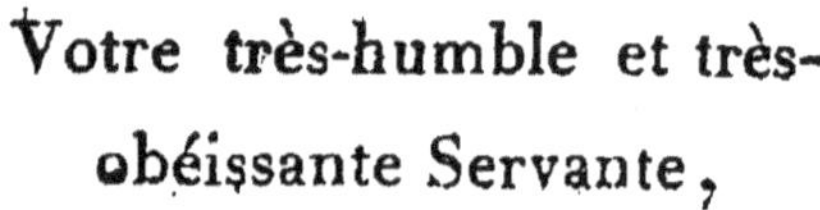
Votre très-humble et très-

obéissante Servante,

Imprimerie de DONDEY-DUPRE, ruè St.-Louis, N°. 46, au Marais.

www.ingramcontent.com/pod-product-compliance
Lightning Source LLC
LaVergne TN
LVHW020458230826
846091LV00008BA/3277

9782011754691